BEI GRIN MACHT SICH IHR WISSEN BEZAHLT

AF136795

- Wir veröffentlichen Ihre Hausarbeit,
  Bachelor- und Masterarbeit

- Ihr eigenes eBook und Buch -
  weltweit in allen wichtigen Shops

- Verdienen Sie an jedem Verkauf

Jetzt bei www.GRIN.com hochladen
und kostenlos publizieren

Entstehung Sozialer Bewegungen. Die amerikanische Bürgerrechtsbewegung

Jannis Podobnig

Bibliografische Information der Deutschen Nationalbibliothek:

Die Deutsche Nationalbibliothek verzeichnet diese Publikation in der Deutschen Nationalbibliografie; detaillierte bibliografische Daten sind im Internet über http://dnb.d-nb.de abrufbar.

ISBN: 9783346295392
Dieses Buch ist auch als E-Book erhältlich.

Das Buch bei GRIN: https://www.grin.com/document/951079

Entstehung Sozialer Bewegungen

dargestellt am Beispiel der amerikanischen Bürgerrechtsbewegung

Hausarbeit im Rahmen der Modulprüfung Gesellschaftswissenschaften
Modul 1.4 Einführung in die Soziologie
des B.A. Studiengangs Soziale Arbeit an der
Evangelischen Hochschule Nürnberg

vorgelegt von
Jannis Thomas Podobnig

1. Fachsemester
Abgabedatum: 28.02.2020

Inhaltsverzeichnis

1 Einleitung

„Separate but equal" - dieser juristische Grundsatz bestimmte lange Zeit das Leben afroamerikanischer Bürger/innen der Vereinigten Staaten im 19. und 20. Jahrhundert. Nach dem Bürgerkrieg bestimmten Rassismus und Segregation den Alltag afroamerikanischer Bürger/innen. Im Jahr 1896 festigte sich der Grundsatz „separate but equal" durch den Fall Plessy v. Ferguson, als Homer Plessy sich weigerte das Zugabteil zu verlassen und in ein für Schwarze separiertes Abteil zu gehen (vgl. Herz 2011, 143). Vor Gericht argumentierten seine Anwälte „that segregation deprived their client of the equal protection of the law guaranteed by the Fourteenth Amendment" (Harrold/Hine 2011, 359) doch der Oberste Gerichtshof von Louisiana und der Supreme Court bestimmten, es läge keine Diskriminierung vor wenn es getrennte Einrichtung gibt, solange diese gleicher Qualität waren (vgl. Herz 2011, 143). Dennoch gab es zu Beginn des 20. Jahrhunderts Wiederstände gegen die Unterdrückung, geführt durch bekannte Personen wie W.E.B. du Bois (vgl. Harrold/Hine 2011, 385). Letzterer gründete mit anderen Persönlichkeiten 1909 die National Association for the Advancement of Colored People, kurz NAACP um gegen die Eugenik Bewegung anzukämpfen (vgl. Kendi 2018, 326f). Ein sehr bedeutender Schritt für die NAACP in Richtung Gleichstellung von Weißen und Schwarzen war der Fall Brown v. Board of Education 1954, durch den die Segregation in Schulen abgeschafft werden sollte (vgl. Harrold/Hine 2011, 576).

Im Verlauf eines halben Jahrhunderts prägte sich sowohl durch schwarze als auch weiße Aktivist/innen ein Stimmungsbild aus, welches mit Nachdruck auf die Gleichberechtigung hinwirkte (vgl. Hochgeschwender 2018). Bereits der 16. Präsident der Vereinigten Staaten, Abraham Lincoln sagte 1858 in einer seiner wichtigsten und bekanntesten Reden „A House divided against itself cannot stand" (vgl. Herz 2011, 129).

Am 1. Dezember 1955 brachte eine eine schwarze Schneiderin, namens Rosa Parks, das Fass zum überlaufen, als sie im Bus in Montgomery sich weigerte ihren Sitzplatz für einen weißen Fahrgast frei zumachen und daraufhin von der Polizei festgenommen wurde (vgl. Scharenberg 2011, 50-54). Scharenberg betont: „Mit Rosa Parks' Entscheidung, ihren Sitzplatz nicht für einen später zugestiegenen Fahrgast weißer Hautfarbe zu räumen, sollte der organisierte, breite Widerstand gegen die gesetzliche Rassentrennung beginnen, die die öffentlichen Einrichtungen im Süden der USA beherrschte." (ebd., 51)

Anlässlich aktueller sozialpolitischer Bewegungen wie „Fridays for Future" oder „Extinction Rebellion", die ähnliche Züge tragen wie die amerikanische Bürgerrechtsbewegung der 1960er Jahre, stellt sich die Frage wie Soziale Bewegungen entstehen. Auch hier werden Personen, wie Greta Thunberg, sinnbildliche Anführer/innen einer weit verbreiteten Bewegung, ähnlich wie Rosa Parks, die von diversen Print- und Onlinemedien als „Mutter der Bürgerrechtsbewegung" betitelt wird.

Diese Arbeit befasst sich mit der Geschichte der Bürgerrechtsbewegung und der Entstehung Sozialer Bewegungen. Dazu soll zuerst die Geschichte der Bürgerrechtsbewegung beschrieben werden. Anschließend wird auf die Theorie der Bewegungsforschung eingegangen, dazu soll der Begriff der Sozialen Bewegung definiert werden und Einblicke in verschiedene theoretische Ansätze gegeben werden. Abschließend soll die Geschichte der Bürgerrechtsbewegung and die Theorie der Bewegungsforschung gekoppelt werden. So soll herausgearbeitet werden, ob die Bürgerrechtsbewegung laut Definition als eine Soziale Bewegung angesehen werden kann, und es wird untersucht wie diese Bewegung entstehen konnte.

2 Die Geschichte der Bürgerrechtsbewegung

2.1 Die Lage der afroamerikanischen Bürger/innen vor dem Bürgerkrieg

Sklaven, sind Menschen, die wie Eigentum behandelt werden, sie werden getauscht, verkauft, ausgenutzt und zu Arbeit forciert. Bereits im Jahr 1619 wurden die ersten schwarzen Afrikaner (ca. 20) in Virginia, einer Kolonie in Amerika, von Seeräubern, die diese gefangen hielten, an Land gebracht und gegen Proviant getauscht. Bereits 1680 lebten 4500 Schwarze in Virginia und wurden wie Sklaven behandelt (vgl. Sautter 2014, 9ff). Allein zwischen 1700 und 1800 wurden über 3,5 Millionen Sklaven aus Afrika über den Atlantik nach Amerika deportiert (vgl. ebd., 16). Diese Sklaven lebten unter unmenschlichen Bedingungen, sie wurden gebrandmarkt, ausgepeitscht, verstümmelt und zu Arbeit auf Reisfeldern, Baumwollplantagen und vielen anderen Bereichen gezwungen. Gewalt prägte die Beziehung zwischen Sklaven und ihren Besitzern. Sklaven hatten quasi keine Rechte, so konnten meist deren Besitzer sogar darüber bestimmen mit wem Sklaven in einer Beziehung zusammenleben dürfen (vgl. Delvaux de Fenffe). Durch die Amerikanische Revolution im späten 18. Jahrhundert wurde in der Unabhängigkeitserklärung 1776 festgelegt, dass alle Menschen gleich seien und daher ein Recht auf Leben und Freiheit haben. Der afroamerikanischen Bevölkerung galt dies jedoch nicht. In späteren Jahren wurde viel diskutiert über die Rechtlichkeit der Sklaverei, doch vor allem die Südstaaten positionierten sich stark gegen eine Befreiung der Sklaven. In den Nordstaaten dagegen wurde die Sklaverei jedoch langsam ersetzt durch produktivere Lohnarbeit. Dies führte dazu ,dass von den insgesamt fast 4 Millionen Sklaven die um 1860, also kurz vor dem Bürgerkrieg, in den Vereinigten Staaten lebten, nahezu alle in den Südstaaten lebten (vgl. Schild 2016, 50f).

2.2 Der Bürgerkrieg

Zwischen den Nord- und Südstaaten entstanden wirtschaftliche, politische und weltanschauliche Spannungen, die mit der Wahl des Präsidenten Abraham Lincoln zu eskalieren drohte. Die industrialisierten Nordstaaten waren erheblich distanzierter positioniert zu der Sklavenfrage gegenüber den agrarwirtschaftlich orientierten Südstaaten, die sich stark an den Beibehalt der Sklaverei klammerten. So war Lincolns Wahl ein Vorwand der Südstaaten sich letztendlich für unabhängig von den Vereinigten Staaten zu erklären und die Sezession zu beginnen. Lincoln priorisierte während dem Bürgerkrieg vor allem die Wiederherstellung der Einheit der Union (vgl. Herz 2011, 125-132). So versuchte er die Südstaaten zu einer Rückkehr zu überreden, indem er ihnen zusprach er würde die Sklaverei in den Südstaaten nicht abschaffen. Nachdem der Bürgerkrieg jedoch bereits anderthalb Jahre fortschritt, ohne dass die Südstaaten auf dieses Angebot eingingen, sah Lincoln keine andere Möglichkeit als eine vorläufige Emanzipationsproklamation zu erlassen. Demnach wird allen Sklaven, auch denen der Südstaaten, am 1. Januar 1863 die Freiheit gewährt, außer die Südstaaten schließen sich bis dahin wieder den Nordstaaten (Union) an. Auch dieser Anordnung folgten die Südstaaten nicht und am 1. Januar 1863 unterschrieb Lincoln die vollständige Emanzipationserklärung. So bildete sich eine neue Priorität des Krieges ab, die Abschaffung der Sklaverei. Schwarze durften nun für die Armee rekrutiert werden, und gegen Ende des Krieges war jeder vierte Soldat der Union schwarz. Im Jahr 1865 fand der Sezessionskrieg (Bürgerkrieg) schließlich sein Ende und die Freiheit der Sklaven sollte im Dezember 1865 in der Verfassung als 13. Zusatzartikel gefestigt werden (vgl. Schild 2016, 55ff).

2.3 Rassismus und steigende Unruhen nach dem Bürgerkrieg

Nach dem Bürgerkrieg (1861-1865) war die Sklaverei abgeschafft und Millionen von Sklaven waren nun frei. Dennoch wurde diese Haltung von einer Mehrzahl der weißen nicht geteilt und die Rassentrennung setzte sich in den Saaten fest (vgl. Schneider 2013). Durch die Verabschiedung der sogenannten „Jim Crow Laws" wurde die Diskriminierung Schwarzer institutionalisiert. Afroamerikanische Bürger/innen wurden am Wählen gehindert und ihnen der Zugang zu Schulen, Restaurants und weiteren öffentlichen Einrichtungen verwehrt, oder nur durch Nutzung separater Eingänge genehmigt (vgl. Herz 2011, 143). Des Weiteren folgten hunderte von Lynchmorden, die die Grenze zwischen der weißen und schwarzen Rasse aufzeigen sollte, daher wurden diese oft in der Öffentlichkeit an unschuldigen Passanten ausgeführt. Die Morde waren gewissermaßen unmenschlich und überflüssig inszeniert. So wurden Schwarze an Scheiterhaufen verbrannt oder verstümmelt. Vor allem präsent war der Ku-Klux-Klan, der systematisch die afroamerikanische Bevölkerung terrorisierte um die weiße Vorherrschaft (white supremacy) zu verteidigen (vgl. Schild 2016, 63ff). Die Segregation in den Staaten wurde wie bereits erwähnt 1896 durch den Fall Plessy v. Ferguson bestätigt und gefestigt und der Grundsatz „separate but equal" institutionalisierte sich. So wäre die Trennung öffentlicher Einrichtungen, Eingänge und öffentlicher Verkehrsmittel für Schwarze und Weiße keine Diskriminierung, solange diese für beide

„Rassen" von gleicher Qualität seien (vgl. Herz 2011, 143). Doch diese Einschüchterung funktionierte nicht bei allen, so gab es mehrere bereits zu Beginn des 20. Jahrhunderts Proteste gegen den Rassismus, beispielsweise die Niagara Bewegung, organisiert von W.E.B. Du Bois, bei der sich Protestanten versammelten und ein Ende der Segregation und bessere Lebensverhältnisse für Schwarze forderten. Diese Proteste gingen über Jahre, und als sie langsam ein Ende fanden gründete Du Bois mit anderen die National Association for the Advancement of Colored People (NAACP). Diese Organisation spielte eine sehr beutende Rolle und zielte darauf ab, dass auch schwarzen Bürger/innen die vollen Rechte der Verfassung zustehen (vgl. Harrold/ Hine 2011, 419f). 1940 gründete die NAACP den „Legal Defense and Educational Fund" (LDEF), welcher Schwarzen helfen sollte sich vor Gericht gegen die rassische Ungerechtigkeit durchzusetzen in allen möglichen Bereichen wie Bildung, Wohnen und Arbeitsverhältnissen. Gegen Ende der 1940er sollte die NAACP-LDEF nicht mehr nur damit zu zufrieden sein, den Staat zur Vollfüllung des separate but equal Grundsatzes zu drängen (viele der Einrichtungen waren eben nicht gleich), sondern sie wollten die Segregation an sich attackieren und abschaffen. So bereiteten viele schwarze Jurist/innen und Aktivist/innen einen der wichtigsten Fälle zur Abschaffung der Segregation vor, den Fall „Brown v. Board of Education of Topeka", der 1952-1954 verhandelt und entschieden wurde. Hier wurde bewiesen, dass viele Schul- und Bildungseinrichtungen nie von gleicher Qualität waren und die separate but equal Doktrin dort nicht gelten darf (vgl. ebd., 573-576). Die Autoren Harrold und Hine betonen: „The Brown Decision would eventually lead to the dismantling of the entire structure of Jim Crow Laws [...]" (ebd., 576).

2.4 Der Montgomery Busboykott

Die Protestbewegungen in Montgomery entstanden nicht aus heiterem Himmel. Es wurde bereits lange geplant eine Bewegung gegen die Segregation zu starten. Nach der Entscheidung des Falls Brown v. Board of Education war der erste Meilenstein gelegt. Bereits länger beklagten die Schwarzen Bürger/innen sich über die Bus Situation. Es kam häufig zu Übergriffen und unnötiger Gewalt, um die schwarzen Bevölkerung wortwörtlich des Platzes zu verweisen. Daher schrieb die Professorin Jo Ann Robinson wenige Tage nach der Entscheidung der Abschaffung der Segregation in Schulen einen Brief an den Bürgermeister der Stadt Montgomery und bat um eine Besserung der Bus Situation, da es bereits Pläne der Schwarzen Bürger/innen gab, die Busse zu meiden. Der Bürgermeister ignorierte diese Forderung, und die NAACP suchte nun nach einem passenden Fall um den angekündigten Busboykott zu initiieren. Am 1. Dezember 1955 war es soweit, eine schwarze Frau namens Rosa Parks (43), welche bereits sehr aktiv als Bürgerrechtsaktivistin war weigerte sich ihren Platz frei zu machen für einen weißen Zugestiegenen (vgl. Harrold/ Hine 2011, 579f). Sie wurde an der nächsten Haltestelle verhaftet. Im Gefängnis rief sie ihre Mutter an, welche darauf hin Edgar Daniel Nixon anrief, ein ehemaliger Vorsitzender der NAACP. Als dieser von der Inhaftierung erfuhr, war er erfreut (vgl. Scharenberg 2011, 51f) und sagte „Wir haben ihn! Wir haben unseren Fall!" (ebd., 52) Dies sollte der Fall sein, der die afroamerikanischen Bürger/innen gegen die Segregation in Bussen mobilisiert und so begann der Montgomery Bus Boykott. Noch in der Nacht der Verhaftung wurden diverse Aktivist/innen mobilisiert. Es wurde ein Protestschreiben aufgesetzt, in dem ein eintägiger Busstreik angekündigt wird. Von diesem Flyer wurden 30.000 Kopien erstellt und am Nächsten morgen von fast 200 Freiwilligen verteilt. Am 5. Dezember 1955 wurden keine Busse von der schwarzen Bevölkerung in Montgomery genutzt. Um diesen Protest zu organisieren und koordinieren wurde die Montgomery Improvement Association (MIA) gegründet, als Repräsentant wurde der 26 Jährige Martin Luther King gewählt, der später als einer der Anführer der Bürgerrechtsbewegung gelten soll. Am Abend nach dem Boykott hielt King eine Rede, wie es weitergehen soll. Diese Rede inspirierte seine Zuhörer/innen und es wurde einstimmig entschieden, der Boykott soll solange weitergehen, bis die Forderungen erfüllt werden (vgl. Harrold/ Hine 2011, 579ff). Der Boykott dauerte über ein Jahr und hatte Erfolg, November 1956 wurde die Rassentrennung in Bussen verboten, dies machte Mut und der friedliche Widerstand ging weiter (vgl. Herz 2011, 236f).

2.5 Die Bürgerrechtsbewegung

Nach dem Boykott in Montgomery gründete King die Southern Christian Leadership Conference (SCLC) um die Proteste auf einer größeren Basis zu organisieren. Sie unterstützte Aktivist/innen bei der Forderung des Wahlrechts für Schwarze und bei der Abschaffung der Segregation öffentlicher Verkehrsmittel in anderen Staaten wie Florida und Atlanta. Dennoch gab es harschen widerstand der weißen Bevölkerung, so postierte ein Gouverneur in Arkansas 270 Polizisten vor der Little Rock Central Highschool um neun schwarzen Jugendlichen den Zutritt zu der Schule zu verwehren. Präsident Eisenhower entstand demnach 1,100 Soldaten in den Süden um den schwarzen Schülern den Zutritt zu gewähren und sie für das restliche Schuljahr zu beschützen. Dies war das erste mal seit langem, dass Militärtruppen in den Süden geschickt wurden um die Bürgerrechte schwarzer zu beschützen. Des Weiteren fanden sogenannte Sit-ins statt, bei denen sich junge schwarze Bürger/innen in einer Vielzahl in Restaurants oder ähnlichem setzten, obwohl sie dort nicht willkommen waren. Daraus formte sich dann das Student Nonviolent Coordination Committee (SNCC). Die SNCC setzte später die Abschaffung der Segregation der öffentlichen Verkehrs im ganzen Süden durch. Der charismatische Anführer der Bewegung war nach wie vor King, der stets zu gewaltfreien, friedlichen Protesten predigte. Durch ihn wurden viele Protestmärsche, wie beispielsweise der March on Washington, geführt. Als er verhaftet wurde, rief er in einem offenen Brief zum Zivilen Ungehorsam auf, da er anders keine Chance sah die Gleichberechtigung zu erlangen. Nach seiner Entlassung aus dem

Gefängnis fand der berühmte March on Washington statt, hier hielt er vor über 200.000 Zuhörer/innen die weltbekannte Rede „I have a dream" in der er erzählte wie er sich eine Welt ohne Rassismus wünscht. Durch zahlreiche weitere Proteste und Erfolge konnte der Civil Rights Act of 1964 durchgesetzt werden. Dadurch wurde Diskriminierung und Segregation in allen öffentlichen Einrichtungen wie Restaurants, Bussen, Spielplätzen, Schulen verboten. Auch Diskriminierung von Arbeitern aufgrund ihrer Hautfarbe, Religion oder ihres Geschlechts wurden verboten. Ein Jahr später wurde den schwarzen Bürger/innen durch den Voting Rights Act of 1965 auch die Teilnahme an der Politik und das Wahlrecht zugesprochen (vgl. Harrold/ Hine 2011, 583-595). Auch wenn bereits große Fortschritte auf dem Weg zur Gleichberechtigung gemacht wurden, endete die Bewegung hier nicht. Nach Kings Ermordung formten sich radikalere Gruppen wie die Nation for Islam, ein bekannter Anhänger war Malcolm X oder die Black Panthers. Durch diese ging die Bürgerrechtsbewegung in eine neue Form und Phase über (vgl. Herz 2011, 237f).

3 Soziale Bewegungen

3.1 Entwicklung der Bewegungsforschung

Auch wenn die Geschichte Sozialer Bewegungen bereits vor das 18. Jahrhundert reicht, startet die theoretische Forschung erst im 19. Jahrhundert, veranlasst durch die europäische Arbeiterbewegung (vgl. Beyer/ Schnabel 2017, 22). Laut Dieter Rucht war die Forschung zur Theorie Sozialer Bewegungen lange Zeit getrennt, einerseits gab es Forschungen in Europa und anderseits in den Vereinigten Staaten. So flossen gesellschaftstheoretische Ansätze nach Karl Marx nur sehr gering in die Forschung der Bewegungssoziologie der USA ein. Die Theorien der Massenpsychologie Europas fassten dagegen festeren Fuß in den USA. Durch letztere entstand eine überwiegend abwertende Behandlung von Sozialen Bewegungen, da den Akteur/innen durch die Theorien der Massenpsychologie, ähnlich wie bei Hysterie, kein rationales Handeln zugesprochen wird (vgl. Rucht 1994, 71). Nach Kern folgen heutzutage kaum noch Forscher diesen Theorien, jedoch gab es einen überaus wichtigen Beitrag : „Die Ursachen für Proteste sind demnach in den Strukturen der Gesellschaft zu suchen." (vgl. Kern 2008, 9f)

Wie bereits erwähnt fasst die Massenpsychologie in den USA festen Fuß und in den 1960er Jahren formte sich daraus die „Theorie kollektiven Verhaltens", nach dieser bilden sich Protestbewegungen, wenn „gesellschaftliche Institutionen [...] nicht ausreichend funktionieren." (ebd., 10) Diese Theorie wurde ergänzt durch die „Theorie relativer Deprivation". Hier entstehen Proteste, „wenn die Diskrepanz zwischen Anspruch und Wirklichkeit zu groß wird." (ebd., 10) Bei diesen Theorien lag der Fokus also auf der Begründung durch psychologische Prozesse. Bereits in den 1970er Jahren erhielten diese Theorien jedoch immer mehr Kritik. So setzte sich von nun an die so genannte

„Ressourcenmobilisierungstheorie" durch. Denn anhand mehrer Studien wurde bewiesen, dass Akteur/innen ihre Mittel gut kalkuliert und gewählt einsetzten. Die Theorie relativer Deprivation wurde dahin gehend kritisiert, dass Diskrepanzen zwischen Anspruch und Wirklichkeit weit verbreitet waren, dennoch aber nur selten Sozialen Bewegungen entstanden. Mittlerweile lag nun nicht mehr der Fokus der Forschung auf den psychologischen Prozessen die zur Entstehung beitragen sondern viel mehr auf den Mechanismen der Protestmobilisierung anhand der Untersuchung einzelner Bewegungen und Bewegungsorganisationen (vgl. ebd., 10f). Außerdem wurde sie ergänzt durch „Theorien politischer Gelegenheitsstrukturen", diese untersuchten den Einfluss politischer Rahmenbedingungen auf Proteste und Soziale Bewegungen.

3.2 Definition Sozialer Bewegungen

Nach Beyer und Schnabel sind Soziale Bewegungen Formen kollektiven Verhaltens, die man jedoch von ähnlichen Phänomenen wie Trends, Massenpaniken und Pogromen unterscheiden muss. Hierbei wird betont, dass bei Sozialen Bewegungen keine intuitiven Reaktionen im Vordergrund stehen sondern, dass das Verhalten mit einem subjektiven Sinn verbunden wird und auf das Verhalten anderer bezogen ist. Beyer und Schnabel schließen also nach Max Weber auf Soziales Handeln (vgl. Beyer/ Schnabel 2017, 13). Es wird nun bereits abgegrenzt vom kollektiven Verhalten und auf kollektives Handeln geschlossen. Die Handlungen der Akteure Sozialer Bewegungen sind zweierlei aufeinander bezogen, einerseits auf deren Mitglieder und Sympathisant/innen und andererseits auf die, „die als politische Gegner/innen identifiziert wurden" (ebd., 13). Demnach „ergibt sich auch die Intentionalität oder Zielorientierung Sozialer Bewegungen, nämlich ihre Interessen gegen jene der Gegner durchzusetzen." (ebd., 13) Dennoch muss nun weiter abgegrenzt werden vom kollektiven Handeln um Soziale Bewegungen zu definieren. Dafür beziehen sich Beyer und Schnabel auf den Aufsatz von Mayer N. Zald und Roberta Ash „Social Movement Organizations: Growth, Decay and Change" aus dem Jahr 1966, nachdem Soziale Bewegungen folgendermaßen definiert werden: „A social movement is a purposive and collective attempt of a number of people to change individuals or societal institutions and structures." (ebd., 13 aus Zald/ Ash 1966, 329) Hier wird also betont, dass neben der Kollektivität und der Zielorientierung auch die Veränderung der aktuellen Verhältnisse eine maßgebende Rolle spielt. Dennoch stellen Beyer und Schnabel in Frage ob die Veränderung eines gesellschaftlichen Ist-Zustandes zwingend vorliegen muss. Denn es können sich auch soziale Bewegungen bilden, deren Absicht es ist einen Ist- Zustand zu verteidigen beziehungsweise beizubehalten (vgl. ebd., 14). Weiterhin beziehen sich Beyer und Schnabel zur Definition Sozialer Bewegungen auf eine Definition von Sydney G. Tarrow aus „Power in Movement" (erstmals erschienen 1994) in der Soziale Bewegungen als „collective challenges, based on common purposes and social solidarities, in sustained interaction with elites, opponents, and authorities" (ebd., 14 aus Tarrow 2011, 9) beschrieben werden. Dabei beschreibt Tarrow ebenfalls Faktoren wie das Hinarbeiten auf Sozialen Wandel und Kollektivität, darüber hinaus formuliert er aber auch, dass der Protest bzw. die Bewegung von einer gewissen Dauer ist. Soziale Bewegungen werden so also als Episoden dargestellt, die lange andauern, verschwinden oder wiederbelebt werden können. Als Episode werden sie allein bereits dadurch begründet, dass sie ein Ende finden. Dieses Ende der Episoden Sozialer Bewegungen ist, auf kurzer oder langer Sicht, unumgänglich, da sie sich entweder nicht durchsetzen oder ihre Ziele Institutionalisiert werden (vgl. Beyer/ Schnabel 2017, 15).

Abschließend definieren Beyer und Schnabel Soziale Bewegungen wie folgt:

„Soziale Bewegungen umfassen Phänomene sozialen Handelns, bei denen sich Akteur/ innen aufgrund der Unterstellung gemeinsamer Ziele zumindest diffus organisieren und für eine längere Zeit zu einem Kollektiv zusammenschließen, um mit institutionalisierter Entscheidungsgewalt ausgestattete individuelle oder kollektive Akteur/innen im Modus des Konflikts zu beeinflussen." (ebd., 16)

Darüber hinaus geht der Autor Alexander Leistner in seinem Werk „Soziale Bewegungen - Entstehung und Stabilisierung am Beispiel der unabhängigen Friedensbewegung in der DDR" (2016) auf die Organisationsform Sozialer Bewegungen ein. So haben diese einen vergleichsweise geringen Organisationsgrad und es finden sich selten formale Mitgliedschaften im Vergleich zu Parteien oder Vereinen (vgl. Leistner 2016, 28). Sie werden eher als Netzwerke oder als ein „netzförmiger Verbund von Personen, Gruppen und Organisationen" (ebd., 28 aus Rucht 2007, 16f) beschrieben. Außerdem bevorzugen es Soziale Bewegungen laut Leistner ihren Einfluss durch öffentliche Proteste zu äußern, da ihnen entweder kein direkter Zugriff auf das politische System ermöglicht ist oder dieser Zugriff abgelehnt wird (vgl. Leistner 2016, 30f). Daher verweist Leistner auf eine Definition von Dieter Rucht: „Eine soziale Bewegung ist ein auf gewisse Dauer gestelltes und durch kollektive Identität abgestütztes Handlungssystem mobilisierter Netzwerke von Gruppen und Organisationen, welche sozialen Wandel mit Mitteln des Protests - notfalls bis hin zur Gewaltanwendung - herbeiführen, verändern oder rückgängig machen wollen." (Rucht 1994, 76f) In dieser Definition wird von mobilisierten Netzwerken gesprochen, der Autor Jürgen Nowak listet zur Abgrenzung von kollektiven Handeln oder Verhalten und zur Definition Sozialer Bewegungen bereits oben genannte Faktoren wie Ziel, Kontinuität und einer Variablen Organisationsform auf und geht des weiteren noch auf Mobilisierung und hohe symbolische Integration ein. So suchen Akteur/innen in Sozialen Bewegungen dauerhaft nach Unterstützung um diese am Leben zu halten. Außerdem wird die Zusammengehörigkeit durch ein ausgeprägtes Wir-Gefühl untermauert. (vgl. Nowak 1988, 20) So wird hier definiert:

„Soziale Bewegung ist ein mobilisierender kollektiver Akteur, der mit einer gewissen Kontinuität auf der Grundlage hoher symbolischer Integration und geringer Rollenspezifikation mittels variabler Organisations- und Aktionsformen das Ziel verfolgt, grundlegenderen sozialen Wandel herbeizuführen, zu verhindern oder rückgängig zu machen." (Nowak 1988, 20 aus Raschke 1985, 77)

3.3 Theorien Sozialer Bewegungen aus der Bewegungsforschung

Wie bereits erwähnt gelten Theorien nach Marx als Geburt der Bewegungsforschung. So knüpften Personen wie Antonio Gramsci an Aussagen des Marxismus an und und sahen sich mit Fragen konfrontiert, die auch die allgemeine Bewegungsforschung beschäftigen sollten (vgl. Beyer/ Schnabel 2017, 43f):

„1. Welche gesellschaftlichen Bedingungen bringen Unzufriedenheit hervor?
2. Wie mobilisiert man Unzufriedene?
3. Welche Bedeutung haben Organisationen für den Erfolg einer Bewegung?
4. Wie stärkt man kollektive Solidarität?
5. Wie können Außenstehende für die eigene Sache gewonnen werden?" (ebd., 44)

Beyer und Schnabel heben hervor, dass Soziale Bewegungen jedoch nicht allein aus ökonomischen Verhältnissen bzw. Problemen entstehen. So haben ebenfalls politische und kulturelle Verhältnisse eine große Bedeutung. Dennoch soll dies nicht bedeuten, die Theorien und Forschungen Marx' seien unwichtig (vgl. ebd., 44). Im Folgenden sollen die diesbezüglich weiterentwickelten Theorien der Bewegungsforschung vorgestellt werden.

3.3.1 Theorie der Massenpsychologie

Als Begründer der Massenpsychologie wird heutzutage Gustave Le Bon angesehen. Er war Militär Arzt und Psychologe. Im Jahr 1895 veröffentlichte er sein Werk „Psychologie der Massen". In seine Untersuchungen integrierte er die Ergebnisse der modernen Psychologie. Nach Le Bon waren Soziale Bewegungen keine eigenständigen Phänomene, sondern er gliederte sie ein unter den Begriff einer „Masse". Er unterschied Massen zweierlei, einerseits in ungleichartige (beispielsweise Straßenansammlungen)   und gleichartige Massen (beispielsweise Sekten und soziale Klassen) (vgl. Beyer/ Schnabel 2017, 47). Nach LeBon seien Massen „impulsiv […], leicht beeinflussbar, intolerant, diktatorisch und anfällig für Ideologien." (ebd., 47) Außerdem „würden [sie] weniger der Vernunft als vielmehr Bildern, Suggestionen und emotionalen Beeinflussungen folgen und sich dadurch zu Überschwang, Irrationalität und Gewalt hinreißen lassen." (ebd., 47) So unterscheidet er das Verhalten einer Person in der Masse zu dem Verhalten der Person allein. Ist ein Individuum in einer Masse anzutreffen, so wird unterbewusst ihre Rationalität beeinflusst, sogar bis hin zu einem vollkommen irrationalen Handeln. Individuen werden als Teil der Masse so gesehen, von ihrer Dynamik angesteckt und so in ein ohnmächtiges Handeln gedrängt. Auch wenn dieses Denken in der heutigen Bewegungsforschung abgelehnt wird und Individuen doch als rational Handelnde angesehen werden, brachten die Forschungen Le Bons zwei wichtige

Entdeckungen mit sich, die in späteren Forschungen wieder aufgegriffen wurden. Einerseits brachte er den Gedankenanstoß, dass Menschen in einer Masse ihr Handeln ändern, im Kontrast zu ihrem Handeln als Person alleine (vgl. ebd., 47f). Andererseits „implizierten seine Überlegungen, dass Akteur*innen als Teil einer politisierten Masse Veränderungen erfahren, die sowohl ihre aktuellen Intentionen als auch Bestandteile ihrer übersituativen Identität zu verändern vermögen." (ebd., 49)

3.3.2 Theorie kollektiven Verhaltens

Auch hier wurden die Gedanken Le Bons aufgenommen, dass Individuen sich in Massen anders verhalten als allein. Doch sie unterscheidet sich vor allem in einem wichtigen Aspekt, und zwar werden die Akteur/innen nicht vollständig als irrational handelnde Individuen angesehen, sondern als interaktive Systeme die Veränderung herbeiführen wollen. So war das Entstehen Sozialer Bewegungen für Forscher des kollektiven Verhaltens, zwar auch danach zu erklären dass eine gewisse soziale Unruhe in der Gesellschaft vorliegt, welche durch Versammlungen in Massen von einem Akteur zum anderen überspringen kann und so spontan zu einem Protest emergiert (vgl. Beyer/ Schnabel 2017, 51f). Jedoch hielt Herbert Blumer, einer der Gründer der Theorie, diese „für stabile und auf Organisation beruhende Phänomene." (ebd., 53) So betonte Blumer weiterhin, dass die Unzufriedenheit der Gesellschaft zwar ein Teil des Entstehens sei, jedoch aber die Hoffnung auf Veränderung diese weiter antreibt (vgl. ebd., 53). Gibt es auch in der Theorie des kollektiven Verhaltens Ähnlichkeiten zu den Theorien der Massenpsychologie, so wurde hier eines deutlich, Soziale Bewegungen sind nicht nur eine spontan entstehende Reaktion auf soziale Veränderungen, sondern auch eine eigenständige Kraft die Veränderung herbeiführt und neue Normen setzt. Des weiteren fügt Lewis M Kilian in einer späteren Veröffentlichung hinzu, dass Soziale Bewegungen zwar oft spontan entstehen, aber durchaus auf bereits vorhandene Spannungen und Strukturen aufbaut (vgl. ebd., 55).

3.3.3 Die Social Strain Theorie

Einer der führenden Forscher der Theorie war Neil J. Smelser. Dieser betrachtete welchen Einfluss die Struktur sozialer Systeme auf die Entstehung Sozialer Bewegungen hat. So ergeben sich nach ihm vier Faktoren die im sozialen Handeln zusammen kommen, Werte, Normen, die Aktivierung sozialer Rollen und situative Gelegenheiten. Fallen jene auseinander, so Entstehen Spannungen (strains). Durch diese Spannungen seien vor allem die Betroffenen bereitwilliger sich radikalen Bewegungen anzuschließen und Soziale Bewegungen würden entstehen. Diese Bewegungen zeigen aktuelle Missstände und

Spannungen in der Gesellschaft auf und zeigen ein kollektiv geteiltes Weltbild auf, welches als neue Grundlage der Gesellschaft institutionalisiert werden soll. Nach Smelser müssen sechs Faktoren zusammenkommen, sodass Soziale Bewegungen entstehen können (vgl. Beyer/ Schnabel 2017, 56). auf diese soll später nochmal genauer eingegangen werden.

3.3.4 Theorie der (relativen) Deprivation

Diese Theorie versuchte die Wahrscheinlichkeit von Protesten zu erklären im Zusammenhang mit sozialen und wirtschaftlichen Problemen. Auch hier werden den Akteur/ innen eine eigenständige Rationalität und der Wille zu sozialen Wandel zugesprochen. So wird anders als bei bestehenden Theorien jedoch nicht der fehlende Soziale Wandel und bestehende Missstände als Grund für Protest angesehen, sondern viel mehr das Stagnieren oder Rückbilden eines bereits bestehenden Wandels. Gibt es also einen Aufschwung in der Gesellschaft, der Besserung verspricht oder sogar mit sich bringt und dieser mit der Zeit abnimmt oder nicht mehr linear weiterläuft, so folgen Enttäuschung und Unzufriedenheit (vgl. Beyer/ Schnabel 2017, 60ff). Es entsteht so eine Spannung „zwischen dem, was Menschen vermeintlich zustünde, und dem, was sie aktuell erlangen könnten" (ebd., 63). Je weiter also diese Kluft zwischen der Erwartung und dem realen Wandel auseinander geht, und je länger diese anhält, desto wahrscheinlicher folgen Proteste und Aufstände und Soziale Bewegungen. Dies veranschaulichte James C. Davies mit einer Grafik, bekannt als die J-Kurve (s. Abb. 1). Diese Grafik nahmen auch Forscher wie Ted Robert Gurr in ihren Forschungen auf und erweiterten diese (vgl. ebd., 62).

Kritisiert wurde diese Theorie jedoch, da nicht jede Spannung oder Frustration in der Gesellschaft zu Protesten führen. Es wird zwar erklärt wie Soziale Bewegungen entstehen können, aber es wird kaum untersucht wie diese mobilisiert werden, also angetrieben werden, wachsen und bestehen bleiben bis hin zu einer möglichen Institutionalisierung (vgl. ebd., 65).

3.3.5 Der Ressourcenmobilisierungsansatz

Durch Kritik der Deprivationstheorien entstand der Ressourcenmobilisierungsansatz. Er erweiterte deren Ansätze und versuchte näher zu betrachten wie durch Modernisierung entstehende Spannungen zu Sozialen Bewegungen mobilisiert werden. So versuchte beispielsweise der Forscher Charles Tilly vier weitere Aspekte in den Fokus zu Rücken, die Stärke, Koalition und das Wachstum der Akteur/innen, die Bereitschaft der außenstehenden sich anzuschließen, die Chance des Staates oder der Gegner der Bewegung diese zu unterdrücken und die Möglichkeit die Spannungen diplomatisch anzupassen (vgl. Beyer/ Schnabel 2017, 68). Auch John D. McCarthy und Mayer N. Zald waren der Meinung, dass nur allein die Unzufriedenheit der Gesellschaft nicht ausreichend ist um das Entstehen

Sozialer Bewegungen zu erklären (vgl. ebd., 69). Sie meinten „Soziale Bewegungen könnten sich also erst dann entwickeln, wenn es den Mitgliedern gelänge, die individuellen Ressourcen der potenziellen Bewegungsteilnehmer zeit- und kosteneffektiv zusammenzuführen und die Unzufriedenheit zu organisieren." (ebd., 69)

Die Unzufriedenheit muss also in Bewegungsengagement verwandelt werden. Es werden also Akteur/innen als eine Art Kopf der Bewegung benötigt die das ganze organisieren und so die Ressourcen der einzelnen Individuen, die sich der Bewegung angeschlossen haben oder anschließen könnten, möglichst effizient auszuschöpfen. Der Erfolg ist dann weiterhin abhängig von den entwickelten Strategien, da die (möglichen) Teilnehmer abwägen zwischen den Kosten und den Nutzen die einhergehen mit der Teilnahme an Protesten etc. Des Weiteren ist der Erfolg abhängig von der Glaubwürdigkeit, der Dringlichkeit (also der Brisanz oder der Stärke der gesellschaftlichen Spannungen) aber auch von den Gegnern der Bewegung (vgl. ebd., 71f).

3.3.6 Der Political Opportunity Ansatz

Der Ansatz der Political Opportunity Structures betrachtet welche Einflüsse das politische System und deren Gegebenheiten auf Soziale Bewegungen hat. Nach dieser Theorie werden ebenfalls eine gut organisierte Struktur und Führungsebene in Sozialen Bewegungen benötigt. Aber es werden auch Kontakte zu öffentlichen Personen, Medien und der (lokalen) Politik benötigt (vgl. Beyer/ Schnabel 2017, 105). Es ist also gerade bei scheinbar machtlosen Gruppen (wie bspw. Minderheiten) wichtig „sich Gehör zu verschaffen" (ebd., 105). Es wird darüber hinaus betrachtet, dass auch der Gegner, meistens der Staat, sich durch „Symbolische Gesten, das Vortäuschen eigener Machtlosigkeit und die Diskreditierung der Proteste, insbesondere durch Vorwürfe der Inkompetenz oder des Extremismus" (ebd., 106) gegen die Proteste und Bewegungen wehren kann und so die Gesellschaft wiederum gegen die Proteste mobilisieren kann. So ist also laut dem Forscher Michael Lipsky also auch die Organisation des Gegners (z.B. Staat) ausschlaggebend für den Erfolg der Bewegung. Weiter ausgeführt wurde dieser Gedanke von Peter K. Eisinger. Dieser betrachtete speziell amerikanische Städte und deren politische Struktur (vgl. ebd., 106f). So gab es einerseits Städte mit einer „mehr oder minder offenen Gelegenheitsstruktur" (vgl. ebd., 107) aber auch Städte mit einer geschlossenen Gelegenheitsstruktur. In offenen Strukturen haben Bürger/innen ein höheres Mitspracherecht, gegeben durch Wahlen und Politiker die abhängig von den Stimmen der Wähler sind und so deren Interessen nicht einfach übergehen können. So sind bei sozialen Bewegungen die kommunalen Politiker die ersten Ansprechpartner der Akteur/innen und auf ihnen liegt der Druck deren Wünsche umzusetzen. In geschlossenen Systemen würden, nach Eisinger, die Protestanten entweder ihre Forderungen in den Medien und der Öffentlichkeit präsentieren um so Druck auf die Politiker auszuüben oder auf Grund der scheinbaren Machtlosigkeit sich wieder zurückziehen. Im Extremfall wäre es aber auch denkbar, dass vor allem in geschlossenen Systemen Vorfälle politischer Gewalt auftreten, da die gefühlte Machtlosigkeit zu Frustration wird, schließlich kann man in diesen Systemen deutlich weniger erreichen durch friedliche Proteste (vgl. ebd., 108f).

4 Die Bürgerrechtsbewegung als Soziale Bewegung

4.1 Ist die Bürgerrechtsbewegung eine Soziale Bewegung?

Um diese Frage zu beantworten soll nun Bezug genommen werden auf eine bereits genannte Definition von Dieter Rucht: „Eine soziale Bewegung ist ein auf gewisse Dauer gestelltes und durch kollektive Identität abgestütztes Handlungssystem mobilisierter Netzwerke von Gruppen und Organisationen, welche sozialen Wandel mit Mitteln des Protests - notfalls bis hin zur Gewaltanwendung - herbeiführen, verändern oder rückgängig machen wollen." (Rucht 1994, 76f) Es sollen nun die Einzelnen Aspekte betrachtet und auf die Bürgerrechtsbewegung überragen werden. Die Kontinuität, die Rucht mit einer gewissen Dauer ausdrückt, ist dadurch gegeben, dass seit dem Montgomery Busboykott 1955 über Jahre hinweg Proteste und Märsche stattfanden weit in die Mitte der 60er Jahre (vgl. Herz 2011, 236f). Die kollektive Identität ist durch die damalige rassische Unterscheidung Schwarzer und Weißer zu begründen, so formten sich schwarze Wohnsiedlungen und Communities (vgl. Hochgeschwender 2018). Die mobilisierten Netzwerke und Organisationen die Mittels Protest einen Sozialen Wandel herbeiführen wollen zeichneten sich vor allem ab durch die NAACP, MIA, SNCC, SCLC ab, die angeführt durch Persönlichkeiten wie W.E.B. Du Bois, E.D. Nixon und Martin Luther King große Proteste organisierten und oft vor Gericht traten wie bspw. im Fall Brown v. Board of Education (vgl. Harrold/ Hine 2011, 572-591). Den gewünschten sozialen Wandel drückte spätestens Martin Luther King in seiner Rede „I have a dream" aus, in der er vom Traum einer Gesellschaft ohne Rassismus und mit der Gleichberechtigung aller sprach (vgl. Herz 2011, 237). Auch Beyer und Schnabel betonen die Bedeutung der Bürgerrechtsbewegung als Soziale Bewegung, gerade im Aspekt der Forschung der Sozialwissenschaften (vgl. Beyer/ Schnabel 2017, 12).

4.2 Entstehung der Bürgerrechtsbewegung

Im Folgenden sollen nun theoretische Ansätze der Bewegungsforschung mit der Geschichte der Bürgerrechtsbewegung gekoppelt werden, um zu untersuchen wie diese Soziale Bewegung entstanden sein könnte und wie die Masse der Akteur/innen mobilisiert wurde. Hierfür soll zuerst das Erklärungsmodell (value-added model) von Neil J. Smelser aus dem Theorie Bereich des Social Strain Ansatzes betrachtet werden. Laut diesem Modell müssen sechs Faktoren oder Bedingungen aufeinander Treffen für die Entstehung Sozialer Bewegungen (vgl. Beyer/ Schnabel 2017, 57). Die erste Bedingung, die structural conduciveness, liegt vor, wenn Menschen ein Problem erkennen und dazu in der Lage sind sich an öffentlichen Orten zu versammeln. Die zweite Bedingung, genannt structural strain, entsteht wenn Erwartungen einer Gesellschaft nicht erfüllt werden und so Spannungen entstehen. Eine weitere Bedingung wird growth and spread of a generalized belief genannt, hier wird das herrschende Problem deutlich gemacht, durch Medien und Akteure verbreitet, und ein Gegner, also eine Person, Gruppe oder Institution, identifiziert wird. Precipitating factors, die vierte Bedingung, sind quasi Schlüsselereignisse, also ein bedeutendes oder dramatisches Ereignis, das sinnbildlich das Fass zum überlaufen bringt und somit Akteur/ innen in Aktion treten lässt. Die Fünfte Bedienung ist die mobilization, es werden also Organisationen und Netzwerke gegründet aus denen sich Anführer herauskristallisieren. Letzte Bedienung ist die social control, die auf Seite des Gegners zu finden ist, dieser versucht die Bildung der Soziale Bewegung zu unterbinden und steigert dadurch die Spannungen (vgl. OpenStax 2015, 478). Die Möglichkeit sich zu versammeln, structural conduciveness, war gegeben durch die Emanzipationsproklamation 1863, nach der die Schwarze Bevölkerung nun frei war (vgl. Schild 2016, 56f). Der Spannungen in der Gesellschaft (structural strain) entstanden beispielsweise durch die Jim Crow Gesetze, die afroamerikanische Bevölkerung hatte Hoffnung frei zu sein, doch durch die Gesetze wurden sie als minderwertig abgestempelt und durch Segregation vom Rest der Gesellschaft abgetrennt und mit rassistischer Gewalt behandelt (vgl. Herz 2011, 143). Diese Spannungen verbreiteten sich in der gesamten Gesellschaft und wurden durch kleinere Protestbewegungen, beispielsweise das Niagara Movement, publik gemacht (growth and spread of a generalized belief) (vgl. Harrold/ Hine 2011, 419ff). Ein Schlüsselereignis (precipitating factors) war dann der 1. Dezember 1955, als Rosa Parks verhaftet wurde, da sie ihren Platz im Bus nicht für einen weißen Fahrgast freimachen wollte. Dieser Moment wird auch aktuell als die Geburtsstunde der Bürgerrechtsbewegung betitelt (vgl. Alexander 2008). Die Bedienung der mobilization zeigte sich an den Organisationen die gegründet wurden, aus denen Anführer hervortraten wie W.E.B Du Bois in der NAACP (vgl. Harrold/ Hine 2011, 420) oder Martin Luther King, Präsident der MIA, der auch heute als der bedeutendste Anführer der Bürgerrechtsbewegung gilt (vgl. ebd., 580ff). Die Bewegung erhielt aber weiterhin Gegenwehr und Rückschläge, auch durch den Gegner, Staat und teilweise auch die weiße Bevölkerung und deren Organisationen wie der Ku-Klux-Klan. So terrorisierte der Klan die schwarze Bevölkerung (vgl. Hochgeschwender 2018), andere weiße Terrorgruppen attackierten die Häuser von King und Nixon mit drive-by Shootings und Bomben (vgl. Scharenberg 2011, 63) und Staatsangestellte hinderten, sogar mit Hilfe des Militärs. dass schwarze Schüler die Schule betreten können (vgl. Harrold/ Hine 2011, 584). Bei diesem Erklärungsmodell finden sich auch Ansätze der Deprivationstheorie in der Formulierung der sozialen Spannungen. Nach dieser Theorie entsteht der Protest aus der

Erwartungsenttäuschung die sich nach Sozialen Wandel bildet, der stagniert oder abnimmt (vgl. Beyer/ Schnabel 2011, 61). Folgt man dem bereits beschriebenen Modell der J-Kurve nach Davies, so bilden die Erwartungen der schwarzen Bevölkerung auf Gleichberechtigung den erwarteten Grad der Bedürfnisbefriedigung. Der aktuelle Grad der Bedürfnisbefriedigung wird durch den Sozialen Wandel in der Gesellschaft beschrieben. Durch die Emanzipationserklärung, welche die Sklaven für frei erklärte (vgl.Herz 2011, 130) steigen sowohl der erwartete als auch der aktuelle Grad der Bedürfnisbefriedigung. Nachdem aber durch die Jim Crow Gesetze und den separate but equal Grundsatz die Rassentrennung in den USA institutionalisiert war (vgl. ebd., 143), sank dadurch der aktuelle Grad der Bedürfnisbefriedigung, während aber die Erwartungen der afroamerikanischen Bevölkerung gleich blieben. Demnach entsteht die in der J-Kurve beschriebene Lücke zwischen dem, was ist und dem was erwartet wird, aus dieser Lücke resultieren dann Rebellionen (vgl. Beyer/ Schnabel 2011, 61).

5 Fazit

Diese Arbeit beschäftigte sich mit der Frage nach der Entstehung Sozialer Bewegungen am Beispiel der Bürgerrechtsbewegung der USA. Hierfür wurde die Geschichte und der Verlauf der Bürgerrechtsbewegung umrissen, unter Anbetracht der geschichtlichen Grundlage der schwarzen Bevölkerung in den Vereinigten Staaten. Es wurden die Anfänge der Sklaverei aufgezeigt und beschrieben wie sich das Leben der afroamerikanischen Bürger/innen nach der Befreiung aus der Sklaverei, durch den Bürgerkrieg, veränderte, da sie von nun an als frei erklärt wurden. Es wurde auf die weiterhin bestehenden Missstände in der Amerikanischen Gesellschaft eingegangen, die sich beispielsweise durch die Jim Crow Laws ausdrückten. Schließlich wurde die Verhaftung von Rosa Parks und der daraus resultierende Busboykott, der als Geburtsstunde der Bürgerrechtsbewegung angesehen wird, beschrieben, sowie der weitere Verlauf der Bewegung. Anschließend wurde die Theorie Sozialer Bewegungen in Betracht genommen. Ein kurzer überblick über die Geschichte der Bewegungsforschung wurde gegeben. Des Weiteren wurden Definitionen für Soziale Bewegungen herausgearbeitet und Einblicke in verschiedene theoretische Ansätze der Bewegungsforschung gegeben. Im letzten Kapitel der Arbeit wurde versucht die Theorie mit der Geschichte zu Koppeln, und untersucht, ob die Bürgerrechtsbewegung laut Definition als eine Soziale Bewegung anzusehen ist, und wie diese als solche entstehen konnte.

Es wird klar, wie bedeutend die amerikanische Bürgerrechtsbewegung für die afroamerikanische Bevölkerung war. Auch wenn das Ziel der Bewegung unter Anbetracht der aktuellen Medienreporte noch nicht ganz erreicht wurde, legte sie den Grundstein auf den Weg zu einem Amerika frei von Rassismus.

Literaturverzeichnis

Beyer, Heiko/Schnabel, Annette (2017): Theorien Sozialer Bewegungen. Eine Einführung. Frankfurt; New York: Campus Verlag.

Harrold, Stanley/Hine, Darlene Clark/Hine, William Clark ([5]2011): The African-American odyssey. Boston (u.a.): Prentice Hall.

Herz, Dietmar (2011): USA verstehen. Darmstadt: Primus-Verlag.

Kendi, Ibram X (2018): Gebrandmarkt. Die wahre Geschichte des Rassismus in Amerika. Bonn: Bundeszentrale für politische Bildung.

Kern, Thomas ([1]2008): Soziale Bewegungen. Ursachen, Wirkungen, Mechanismen. Wiesbaden: VS Verlag für Sozialwissenschaften.

Leistner, Alexander (2016): Soziale Bewegungen. Entstehung und Stabilisierung am Beispiel der unabhängigen Friedensbewegung in der DDR. Konstanz; München: UVK Verlagsgesellschaft

Nowak, Jürgen (1988): Soziale Probleme und soziale Bewegungen. Eine praxisorientierte Einführung. Weinheim; Basel: Beltz.

OpenStax ([2]2015): Introduction to Sociology 2e. Houston: XanEdu Publishing Inc.

Rucht, Dieter (1994): Modernisierung und neue soziale Bewegungen. Deutschland, Frankreich und USA im Vergleich. In: Honneth, Axel/Joas, Hans/Offe, Claus (Hrsg.): Theorie und Gesellschaft. Band 32. Frankfurt; New York: Campus Verlag.

Sautter, Udo (2014): Sklaverei in Amerika. Darmstadt: Theiss.

Scharenberg, Albert (2011): Martin Luther King. Ein biografisches Porträt. Freiburg; Basel; Wien: Herder.

Schild, Georg (2016): Von der Sklaverei zur Bürgerrechtsbewegung. Rassenbeziehungen in Amerika, 1770 bis 1945. In: Butter, Michael/Franke, Astrid/Tonn, Horst (Hrsg.): Von Selma bis Ferguson. Bielefeld: transcript, 47-71.

Sekundärliteratur

Raschke, Joachim (1985): Soziale Bewegungen. Ein historisch-systematischer Grundriß. Frankfurt a. M.; New York: Campus Verlag

Rucht, Dieter (2007): Engagement in sozialen Bewegungen. Vorraussetzungen, Formen, Wirkungen. In: Felix Kolb & Bewegungsstiftung. Hamburg: VSA-Verlag, S. 13-44.

Tarrow, Sidney (2011 [1998]): Power in Movement. Social Movements and Contentious Politics. Cambridge: Mass.

Zald, Mayer N./Ash, Roberta (1966): Social Movement Organizations. Growth, Decay and Change. In: Social Forces. Jg. 44, H. 3, S. 327-341.

Internetquellen

Alexander, Dietrich (2008): Sie hat die Welt verändert. https://www.welt.de/welt_print/article1719918/Sie-hat-die-Welt-veraendert.html (Stand: 27.02.2020)

Delvaux de Fenffe, Gregor: Sklaven für Amerika. https://www.planet-wissen.de/geschichte/menschenrechte/sklaverei/pwiesklavenfueramerika100.html (Stand: 25.02.2020)

Hochgeschwender, Michael (2018): Zur Geschichte von Black America. https://www.bpb.de/apuz/266269/zur-geschichte-von-black-america?p=all (Stand: 16.02.2020)

Schneider, Katrin (2013): Amerikanische Bürgerrechtsbewegung. Separate but equal. https://buergerrechtsbewegung-usa.weebly.com/separate-but-equal.html (Stand: 15.02.2020)

Abbildungsverzeichnis

Abbildung 1: Modell der J-Kurve nach Davies

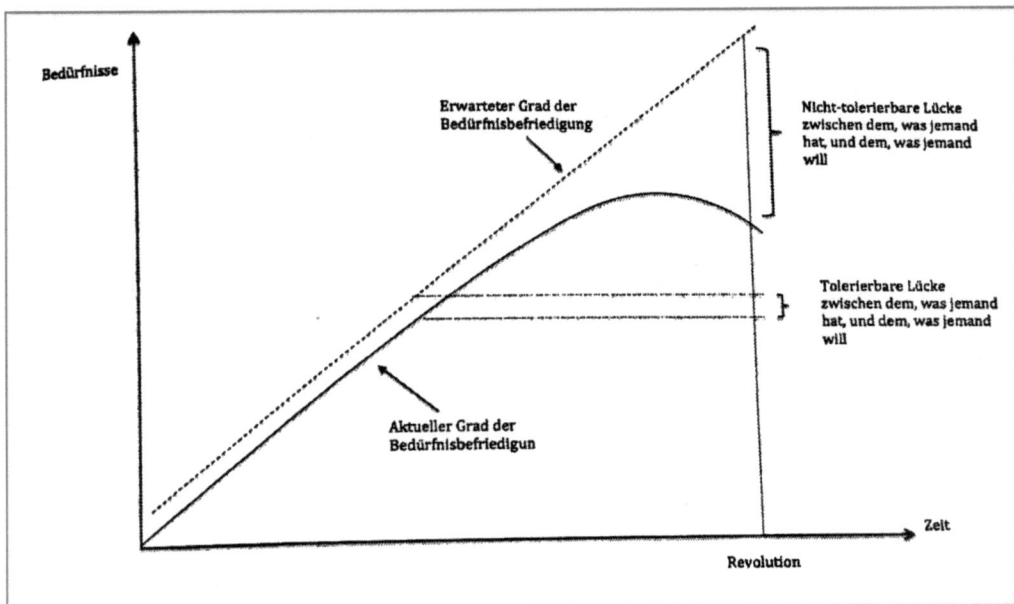

(Abb. nach Beyer, Heiko/Schnabel Annette   (2017): Theorien Sozialer Bewegungen. Eine Einführung. Frankfurt; New York: Campus Verlag. Aus: Davies, James C. (1962): Howard a Theory of Revolution. In: American Sociological Review. Jg. 27, H. 1, S. 5-19.